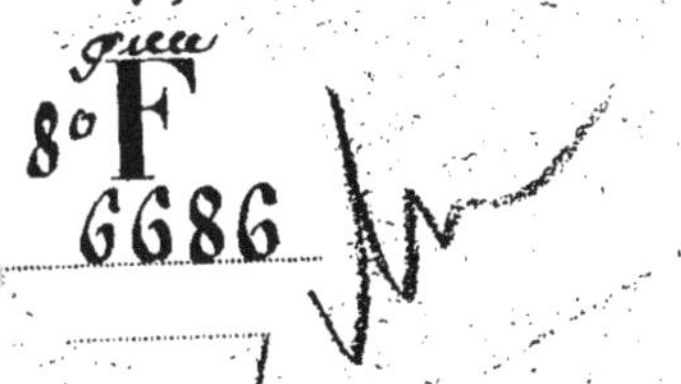

A. HISTA

La Loi
de Dévolution

EDITIONS DES *QUESTIONS ECCLÉSIASTIQUES*
N° 14. — Juin 1908.

LILLE

RÉDACTION :
3, rue d'Isly

ADMINISTRATION :
15, rue d'Angleterre

A. HISTA

La Loi de Dévolution

EDITIONS DES *QUESTIONS ECCLÉSIASTIQUES*

N° **14**. — Juin 1908.

LILLE

RÉDACTION :
3, rue d'Isly

ADMINISTRATION :
15, rue d'Angleterre

La loi de Dévolution

Le *Journal officiel* du 13 avril 1908 a promulgué la loi de dévolution que, dans le cours de la discussion, M. Groussau a justement qualifiée de loi de « brigandage » et d' « iniquité ».

Cette loi prétend interpréter souverainement la pensée du législateur de 1905 ; elle fixe l'attribution des biens que possédait l'Eglise de France ; elle inaugure une jurisprudence nouvelle pour les revendications qu'elle autorise.

C'est une étape de plus dans la voie de la persécution.

Aussi il est utile de l'étudier en détail.

Déterminer, autant que possible, l'importance de la spoliation ; indiquer la destination future des biens ; rechercher les conditions dans lesquelles de rares épaves pourront échapper au naufrage ; tel est le triple objet de notre étude.

I

Les biens des établissements ecclésiastiques avaient une double origine.

Quelques-uns étaient antérieurs au Concordat.

Restés sans acquéreurs pendant la période révolutionnaire, souvent à cause des répugnances que montraient les populations pour l'achat des biens nationaux, ou celés au domaine en raison de l'occupation d'anciens locataires que la disparition des titres de propriété faisaient considérer comme propriétaires légitimes, ils avaient été restitués.

L'arrêté du 9 thermidor an XI le dit expressément : « Les biens des fabriques non aliénés ainsi que les rentes dont elles

Jouissaient et dont le transfert n'a pas été fait sont rendus à leur destination ».

Les autres ont été donnés ou légués sur la foi de l'article 15 du Concordat : « Le gouvernement prendra des mesu-« res pour que les catholiques français puissent, s'ils le veu-« lent, faire en faveur des églises des fondations ».

La valeur des biens restitués en vertu des arrêtés du premier Consul dépasse vingt millions.

En voici le détail d'après les annexes du rapport de M. Maxime Lecomte au Sénat :

FABRIQUES ET MENSES CURIALES

Rentes, Capital	2 349	209
Immeubles	11 704	376
Autres biens mobiliers	728	732
	14 782	317

FABRIQUES DES ÉGLISES MÉTROPOLITAINES ET CATHÉDRALES

Rentes, Capital	208	913
Immeubles	1 206	600
Autres biens mobiliers	4	963
	1 420	476

MENSES ÉPISCOPALES, CHAPITRES, SÉMINAIRES

Rentes, Capital	59	220
Immeubles	3 728	698
Autres biens mobiliers	100	511
	3 888	429
Au total (1)	20 091	222

La seconde catégorie a été acquise, peu à peu, pendant le

(1) Dans ce total Cambrai figure pour 2.683.461 francs, et Arras pour 580.237 francs.

siècle dernier. Confiants dans la parole de la France, voulant assurer des prières pour leurs parents ou pour eux-mêmes, les catholiques faisaient des fondations. L'imminence de l'orage qui s'annonçait ne les effrayait pas : jamais les libéralités faites à nos églises n'ont été plus nombreuses que dans les dernières années du XIX° siècle.

Voici, toujours d'après les annexes du rapport de M. Maxime Lecomte au Sénat, la valeur de ces biens :

1° CAISSES DE RETRAITE DES PRÊTRES AGÉS OU INFIRMES

Numéraire saisi au 11 décembre 1906.........	241 066
Rentes sur l'Etat. Valeur en capital............	13 910 311
Immeubles	4 156 000
Créances et rentes sur particuliers.............	781 075
Objets mobiliers	34 640
Total.....................................	19 123 092

2° SÉMINAIRES, CHAPITRES ET MENSES ÉPISCOPALES

Numéraire saisi au 11 décembre 1906.........	353 704
Rentes sur l'Etat. Valeur en capital............	37 337 042
Immeubles	50 086 208
Créances et rentes sur particuliers..............	3 074 662
Objets mobiliers	2 482 440
Total.....................................	93 334 056

3° ÉGLISES CATHÉDRALES ET MÉTROPOLITAINES

Numéraire saisi	81 866
Rentes sur l'Etat. Valeur en capital............	8 924 346
Créances et rentes sur particuliers............	225 960
Objets mobiliers autres que ceux garnissant les églises	130 403
Immeubles autres que les églises..............	1 326 798
Total	10 689 373

4° *BIENS DES FABRIQUES ET DES MENSES CURIALES*

Ce chapitre se subdivise en deux suivant que ces biens sont ou non grevés de charges.

a) *Biens donnés sans charges et entièrement disponibles pour assurer la célébration du culte*

Numéraire saisi	2 824 988
Rentes sur l'Etat. Valeur en capital............	32 891 483
Créances et rentes sur des particuliers.........	3 320 937
Objets mobiliers autres que ceux garnissant les églises ou chapelles servant à l'exercice public du culte....................................	499 806
Immeubles autres que les églises ou chapelles servant à l'exercice public du culte.........	39 666 887
Total	79 204 101

b) *Biens grevés de fondations pieuses ou de charges*

Rentes sur l'Etat. Valeur en capital............	165 157 848
Créances et rentes sur des particuliers.........	9 522 485
Objets mobiliers autres que ceux garnissant les églises et chapelles...........................	78 329
Immeubles autres que les églises et chapelles servant à l'exerçice public du culte.........	34 734 125
Total	209 492 787

En réunissant ces deux catégories de biens nous arrivons à un total de 288.696.888 francs. Ainsi les caisses de retraites possédaient à peu près 20 milions; les séminaires 93; les fabriques cathédrales 10; et l'ensemble des fabriques et des menses 288. Au total 311 millions environ.

Ce chiffre est considérable; mais, réparti entre tous les établissements publics du culte, il ne donne pour chacun d'eux qu'un capital modeste et un revenu restreint. C'est ainsi que, dans le diocèse d'Arras, chaque séminariste ne pouvait compter que sur une somme de 50 francs pour l'aider à payer sa pension et que le revenu moyen des églises du diocèse ne dépassait pas 250 francs.

Et les charges de tout genre, scolaires, charitables, cultuelles, pieuses, les messes, obits, recommandations, entretien de tombes, absorbaient la plus grande partie des arrérages.

Tel était le patrimoine de l'Eglise de France, légalement acquis en vertu d'autorisations minutieusement étudiées, au moment de la promulgation de la loi de 1905.

II

Quel va être le sort de tous ces biens ?

M. Briand a souvent répété à la tribune que l'Eglise n'avait pas voulu de ces richesses qu'on lui offrait libéralement. Cela n'est vrai qu'en partie.

Tous les biens restitués ont été adjugés purement et simplement à l'Etat par l'article 5 de la loi de 1905. Ces biens provenaient de l'ancienne Eglise de France, qui en était propriétaire légitime ; n'ayant pas été aliénés pendant la Révolution, ils avaient été rendus. Aujourd'hui l'Etat les prend pour lui et M. Briand, pour justifier cette confiscation, n'a trouvé que cet argument : ces biens constituaient la dot donnée à l'Eglise par l'Etat lors de leur union. En se séparant de l'Eglise, l'Etat reprend sa dot !

Disons plutôt qu'en faisant la séparation l'Etat voulait avoir sa part des dépouilles. Outre l'économie résultant de la suppression du budget des cultes, il prenait une vingtaine de millions qui constituaient le bénéfice de son opération.

La possession des biens ayant une destination charitable ou un but scolaire était également interdite aux associations cultuelles, cantonnées dans un domaine étroit : l'exercice du culte. Singulière manière de comprendre la mission de l'Eglise, que de lui interdire la charité et l'enseignement !

Ces biens devaient être attribués par les Fabriques à des établissements reconnus d'utilité publique, ayant une destination conforme à celle des dits biens. Mais cette attribution était soumise à l'approbation préfectorale.

Avant de disparaître, certains établissements religieux ont tenté cette opération. C'est ainsi que le Séminaire de Lyon a donné ses biens à la Société d'enseignement fondée dans cette même ville et reconnue d'utilité publique.

Mais toutes ces attributions ont été annulées sans l'ombre d'une raison, et les biens sont donnés d'office aux écoles sans Dieu ou aux patronages laïques (2).

Au contraire, l'attribution des biens ayant une destination scolaire ou charitable faite par les protestants à leurs œuvres de propagande est soigneusement respectée. Bien plus, lorsque l'attribution a été faite illégalement à des établissements non reconnus, l'Etat se hâte de réparer la maladresse commise et d'accorder après coup la reconnaissance légale aux institutions gratifiées (3).

Ce sont donc seulement les biens donnés pour le culte ou grevés de fondations pieuses qui auraient pu être conservés par les associations cultuelles.

Mais nous savons que l'Etat avait imposé à la constitution de ces associations des conditions qui auraient eu pour résultat de « protestantiser » l'Eglise.

Pie X a préféré la pauvreté à la désorganisation.

Du reste il savait bien que les auteurs de la loi cherchaient

---

(2) Exemple. — Décret du 1ᵉʳ avril. *Journal Officiel* du 24 avril. Art. 1ᵉʳ : N'est pas approuvée l'attribution faite le 8 décembre 1906 par la fabrique de l'église S.-Polycarpe à Lyon (Rhône) au profit de la Société d'éducation de Lyon d'un immeuble et d'une rente ayant appartenu au dit établisement ecclésiastique.

Art. 2 : Est attribué à la Caisse des écoles de Lyon (Rhône) un titre de 75 francs de rente ayant appartenu à la fabrique de S. Polycarpe à Lyon et grevé d'une affectation scolaire.

(3) On pourrait relever de nombreux cas au *Journal Officiel*. En voici un : Décret du 6 février 1908. *Journal Officiel* du 24 avril. Art. 1ᵉʳ : N'est pas approuvée l'attribution d'une rente 3 p. 100 sur l'Etat de 1009 fr. grevée d'une affectation charitable faite le 9 décembre 1906 par le Consistoire de l'Eglise réformée de Marennes (Charente-Inférieure) à l'association de bienfaisance parmi les protestants réformés de Marennes, cette association n'étant pas à cette époque reconnue d'utilité publique.

Art. 2 : L'association de bienfaisance parmi les protestants réformés de Marennes est reconnue d'utilité publique.

Art. 3 : Est attribuée à la dite association reconnue d'utilité publique la rente 3 p. 100 sur l'Etat de 1009 fr. ayant appartenu au Consistoire de Marennes.

bien plus pour l'Eglise un genre de mort qu'un genre de vie, et que, même dans le cas où les associations auraient recueilli les biens, elles ne les auraient pas conservés longtemps. Le butin était trop considérable pour ne pas tenter la convoitise de nos gouvernants et les traquenards de la loi leur donnaient toute facilité pour arriver peu à peu à leur but. Rappelons, en effet, que la loi prévoyait pour les associations nombre de causes de dissolution et qu'en ce cas les biens tombaient entre les mains de l'Etat qui en disposait à son gré.

N'ayant pu réaliser la confiscation en détail, M. Briand dispose de tous les biens par la loi du 13 avril. Voici le lot de chaque bénéficiaire.

1) Comme nous l'avons dit plus haut, l'Etat se réserve pour sa part tout ce qui est antérieur au Concordat. Il prend les terres non aliénées pendant la Révolution et restituées après le rétablissement du culte : il s'adjuge même les rentes achetées avec le produit des ventes d'immeubles de cette nature effectuées dans le cours du XIXe siècle, comme le prouve le décret du 13 mai 1908 portant attribution des biens de la mense épiscopale de Saint-Jean de Maurienne (Savoie) au Bureau de Bienfaisance de cette commune (4).

Vraisemblablement, afin de combler les vides du budget, ces biens seront bientôt mis en vente et nous reverrons les acquisitions de biens nationaux effectuées souvent à vil prix et venant grossir le patrimoine de ceux qui ne craignent pas de braver l'excommunication et de s'enrichir aux dépens de l'Eglise.

Il est bon d'insister sur ce point, tant pour instruire les fidèles que pour avertir certaines municipalités qui jettent des regards d'envie sur les biens de cette catégorie et qui seront déçues dans leurs espérances.

2) L'Etat peut encore réclamer les documents, livres, manuscrits et œuvres d'art ayant appartenu aux établissements ecclésiastiques, et cela non pour les laisser dans les édifices

(4) Sont exclus de l'attribution :
... 7°) Un titre de rente 3 p. 100 sur l'Etat de 141 francs au nom de la mense épiscopale qui a été acquis en remploi du prix de vente d'un immeuble national. (*Journal Officiel* du 17 mai 1908, page 3418.)

religieux où ils se trouvent actuellement, mais « en vue de
leur dépôt dans les archives, bibliothèques et musées ».

On va pouvoir fouiller dans les églises et sacristies pour
rechercher les documents intéressants ; on s'apprête à dépouil-
ler les églises de leurs reliquaires, tableaux, ornements pré-
cieux. Tous ces objets pieux, dus à la libéralité des généra-
tions catholiques, pourront être enlevés sous prétexte d'enrichir les musées où ils ne seront guère mieux en sûreté, comme
l'expérience l'a prouvé, et où ils seront en fait profanés.

3) Les départements vont pouvoir s'emparer des Séminaires pour des services publics. Dans ces maisons entièrement
construites aux frais des catholiques sur la foi des traités
et sous la garantie des pouvoirs publics, on installera des
écoles sans Dieu, des services de police ou de gendarmerie.
N'avons-nous pas appris hier que des officiers dressaient des
plans pour transformer en caserne le Petit Séminaire d'Arras, bâti et rebâti par Mgr Parisis ?

Les départements auront encore leur part sur les biens
des caisses des prêtres âgés ou infirmes. Ces biens auraient
pu être réclamés par des sociétés de secours mutuels constituées entre ecclésiastiques. Mais aux termes de la loi « pour
« être aptes à recevoir ces biens, les dites Sociétés devaient
« être approuvées dans les conditions prévues par la loi du
« 1er avril 1898, être ouvertes à tous les intéressés et ne pré-
« voir dans leurs statuts aucune amende ni aucun cas d'ex-
« clusion fondés sur un motif touchant à la discipline ecclé-
« siastique ».

Par cet amendement M. Briand réalisait, sous le contrôle
de l'Etat, une organisation ecclésiastique en dehors de la hiérarchie : il embrigadait les prêtres dans des associations sou-
mettant leurs statuts à l'Etat, confiant leurs fonds et leurs
valeurs à l'Etat, rendant leurs comptes détaillés, jusqu'au
dernier centime, à l'Etat, mais indépendantes des Evêques et
obligées de faire place aux schismatiques et aux apostats.

Le Souverain Pontife ne pouvait pas permettre la dévolution des biens ecclésiastiques à de pareils groupements, il ne
pouvait pas autoriser les Evêques à faire l'abandon des droits
hiérarchiques dont ils sont divinement investis.

Aussi les mutuelles, comme les cultuelles, sont mort-nées.

Les biens des caisses de retraites seront par suite attribués aux départements; mais ils continueront à être administrés provisoirement au profit des ecclésiastiques qui recevaient des pensions ou secours, ou qui étaient hospitalisés, à la date du 15 décembre 1906.

Les prêtres secourus pourront donc réclamer la continuation de leur pension : ceux qui ont fait des versements aux caisses sans avoir reçu ni pension ni secours, pourront être remboursés. L'excédent ira aux services d'assistance et de bienfaisance.

4) Les communes se voient attribuer d'office la propriété des églises qui appartenaient aux Fabriques, et pour leur faire accepter avec plus d'empressement ces propriétés nouvelles dont la possession pourrait entraîner des charges d'entretien, M. Briand leur fait entrevoir la perspective d'une désaffectation prochaine qui, sans doute, leur fournira gratuitement des marchés couverts ou des salles de fêtes. .

Le mobilier des églises, quel qu'il soit : ornements, statues, vases sacrés, calices et ciboires, suit le sort de l'édifice.

5) Enfin les Bureaux de Bienfaisance et les Hospices se partageront les biens meubles et immeubles provenant de la piété de nos pères et donnés à l'Eglise soit à titre gratuit soit pour l'acquit de services religieux.

D'après le projet primitif cette attribution était libre de toute charge. Mais la suppression des messes de fondation a soulevé la réprobation de tous les honnêtes gens. M. Maurice Barrès s'est fait l'écho de la conscience publique lorsqu'à la tribune il a stigmatisé les « détrousseurs de cadavres ».

Alors, M. Briand a imaginé, d'accord avec un protestant, M. Berger, de confier la célébration des messes aux sociétés de secours mutuels constituées comme nous l'avons dit ci-dessus.

Sur ce point encore le Souverain Pontife a prononcé. Il a . déjoué les habiletés des politiques : il a prononcé le « *non possumus* » pour maintenir intacts les droits de l'Eglise. C'est aux Evêques, c'est à la hiérarchie divinement instituée qu'il appartient de veiller à l'acquit des fondations.

Les chefs de l'Eglise ne peuvent abandonner sur ce point leurs droits imprescriptibles.

Pie X priera et fera prier pour nos défunts : il ne peut permettre à M. Briand de décider quelles sont les mutualités qui seront chargées de faire célébrer les messes de fondation.

Ainsi tout est pris. Il ne reste plus rien aux légitimes propriétaires.

L'Eglise de France, comme jadis son divin Maître, n'a plus une pierre pour reposer sa tête; elle n'a plus à elle un calice pour célébrer les saints mystères, ni un ciboire pour y déposer les saintes espèces !

<h1 style="text-align:center">III</h1>

Quelques uns de ces biens pourront-ils cependant être arrachés aux établissements publics ? Les héritiers des fondateurs ne pourront-ils pas rentrer en possession des biens donnés ou légués, et assurer ainsi par leurs soins la continuation des services religieux ? C'est ce qu'il nous reste à examiner.

Aussitôt après la promulgation de la loi de séparation, de nombreuses instances ont été engagées.

S'appuyant sur le droit de reprise reconnu par l'article 9 de la loi de 1905, nombre de fondateurs ou d'héritiers en ligne directe ont réclamé le montant de leurs libéralités.

Au 31 janvier 1908, 6.127 instances avaient été engagées devant les tribunaux. Elles portaient sur une valeur de plus de 20 millions.

Voici le détail :

Titres de rente revendiqués. Valeur en revenu

469.675 fr., soit en capital environ.........	15 000 000
Sommes d'argent réclamées......................	2 363 465
Immeubles	3 044 711
Autres biens valant...............................	347 933
Total	20 756 109

D'autre part, les héritiers collatéraux, les légataires universels, le conjoint survivant, se basant sur le droit commun et constatant que les séquestres ne faisaient plus acquitter les charges, engagèrent des instances en révocation. Ces instances étaient au nombre de 9.552 au 31 janvier 1908 et les sommes réclamées s'élevaient à plus de 73 millions, savoir :

Titres de rente. Valeur en revenu 1.239.850 fr.,
soit en capital environ	40 000 000
Sommes d'argent réclamées	10 814 892
Immeubles	21 067 533
Autres bien valant	1 492 138
Total	73 374 563

Beaucoup de tribunaux de première instance se sont prononcés en faveur des réclamants : les Cours d'appel se sont divisées sur la question ; la Cour de Cassation allait être appelée à trancher la question.

C'est alors que M. Briand, désolé sans doute de voir une grande partie des biens séquestrés échapper à la confiscation, a présenté sa loi et, dans le but avéré de dessaisir la justice, a déclaré que sur ce point le texte nouveau ne faisait qu'interpréter la pensée du législateur de 1905.

C'était donner à la loi un effet rétroactif.

Aux termes de la loi du 13 avril 1908, seuls les auteurs des donations, les fondateurs de services religieux ou leurs héritiers en ligne directe, ont le droit d'intenter une action en reprise, « qu'elle soit qualifiée en revendication, en révocation ou en résolution ».

Les collatéraux, les légataires universels, les époux survivants n'ont plus aucun droit : ils sont absolument déboutés de leurs prétentions. Le Gouvernement s'empare des biens et les détourne de leur affectation ; il foule aux pieds les volontés sacrées des mourants ; leurs héritiers, leurs légataires ne peuvent qu'assister en témoins impuissants à cette confiscation.

Toutes les instances engagées sont interrompues et les plaideurs déboutés n'ont plus autre chose à faire que de payer les frais des procès qu'ils ont engagés.

Ainsi l'Etat conserve en grande partie le bénéfice de la spoliation.

M. Briand, en effet, savait que les bienfaiteurs des églises ont été surtout des Evêques, des prêtres, des religieuses, des fidèles sans enfants ; et c'est pour cela qu'il a imaginé la distinction qui a aujourd'hui force de loi.

*
* *

Restent les fondateurs eux-mêmes, et leurs héritiers en ligne directe, qui sont d'ailleurs fort peu nombreux : on l'a souvent répété.

Ceux-ci ont le droit de réclamer les biens qu'ils ont donnés aux établissements religieux.

Pour rentrer en possession du montant de leurs libéralités, ils ont pu déjà engager des actions judiciaires et obtenir des sentences favorables. Ces jugements n'ont pas été frappés d'appel, ils sont devenus définitifs. Les parties n'ont plus qu'à régler les frais qui leur incombent, qu'à payer les droits d'enregistrement pour la mutation de propriété et, quand la fondation est représentée par un titre de rente, à s'adresser à la dette inscrite pour obtenir un nouveau titre qu'ils pourront aliéner dans la forme ordinaire.

Pour les procès qui sont en cours, la loi déclare que les nouvelles formalités de procédure ne sont pas requises. L'instance doit donc continuer. Toutefois nous avons appris qu'en pareil cas l'administration de l'Enregistrement propose une transaction. « Les instances pendantes seraient arrêtées et « l'administration en payerait les frais ; puis, elle se charge- « rait d'obtenir du Préfet dans un délai rapproché, un arrêté « reconnaissant le bien-fondé de la réclamation et autorisant « la remise des biens donnés ».

Cette solution paraît acceptable, d'autant plus que les intéressés peuvent toujours reprendre l'instance, si une solution tardait trop longtemps.

Mais il y a d'autres actions qui n'ont pas encore été engagées, parce qu'on attendait pour agir la loi qui devait simplifier la procédure.

Maintenant que la loi est promulguée, toute incertitude a disparu. Les fondateurs et leurs héritiers directs peuvent exercer leur action contre l'attributaire ou, à défaut d'attribution, contre le Directeur général des Domaines représentant l'Etat en qualité de séquestre.

Mais il est indispensable, si les Tribunaux n'ont pas encore été saisis, de déposer un mémoire préalable sur papier non timbré entre les mains du Directeur général des Domaines, qui en délivrera un récépissé daté et signé.

Ce mémoire, envoyé au directeur départemental, expose la question.

Il établit le fait de la libéralité, constate qu'à la date du... il a été fait en faveur de tel établissement religieux une fondation, un legs, une donation de telle importance, déclare que l'acte a été accepté régulièrement et autorisé par décret ou arrêté préfectoral, affirme que le versement de la somme offerte a été effectué et a servi à l'achat d'un titre de rente de tel revenu. Ce mémoire est signé par le réclamant. Il paraît nécessaire d'y annexer les copies des actes constitutifs de la libéralité (extrait de testament, acte de donation ou contrat commutatif), des décrets ou arrêtés d'autorisation et des titres de rente conservés autrefois par les trésoriers de Fabrique. Il est également utile d'y joindre le certificat de vie du donateur et, dans le cas d'héritiers directs, l'acte de notoriété ou l'intitulé d'inventaire constatant les droits des réclamants.

Le directeur départemental instruit l'affaire, donne son avis, et le Préfet peut, en tout état de cause, faire droit à tout ou partie de la demande par un arrêté pris en Conseil de Préfecture.

Il importe de se hâter pour rédiger et envoyer les mémoires; car l'action sera prescrite, si ledit mémoire n'a pas été déposé dans les six mois à compter de la publication au *Journal Officiel* du décret d'attribution.

D'après la loi, le Préfet n'est pas obligé de se prononcer : il peut ne rien répondre, ne prendre aucun arrêté et jeter au panier toutes les pièces déposées. Les réclamants sont soumis à son arbitraire le plus absolu. Dans ce cas, deux mois après

le récépissé du dépôt du mémoire et avant que le troisième
mois soit écoulé, il faut saisir la justice et assigner devant
les Tribunaux en la forme ordinaire.

Il est donc indispensable de bien noter les dates et d'agir
entre le 60ᵉ et le 90ᵉ jour après le récépissé, si on n'a pas ob-
tenu justice devant la Préfecture.

Sinon, les attributions sont définitives et ne peuvent plus
être attaquées de quelque manière ni pour quelque cause que
ce soit.

La spoliation est complète.

*
* *

Les fondateurs et leurs héritiers directs sont donc rentrés
en possession de biens qui appartenaient à l'Eglise.

Que doivent-ils faire, au point de vue de la conscience, des
biens mobiliers ou immobiliers qui, légalement, sont rentrés
dans leur patrimoine ?

Rappelons ici les principes.

1) Par le fait des testaments, donations, contrats commu-
tatifs, tous actes autorisés par le Gouvernement français et
acceptés par les Evêques, l'Eglise est devenue propriétaire
légitime des biens donnés ou légués. Ces biens incorporés au
patrimoine ecclésiastique sont des biens d'Eglise.

2) L'Eglise n'a pas renoncé à la propriété de ces biens.
Elle peut souffrir l'injustice : elle n'y acquiesce pas. Aussi
la déclaration faite le 18 janvier 1907 par les Evêques de
France contient cette affirmation solennelle : « Les biens sacrés dont Nous avons été spoliés réclameront indéfiniment
leurs légitimes maîtres que personne n'est en droit de rem-
placer, même provisoirement, sans l'autorisation du Souverain Pontife ».

3) Les fondateurs et leurs héritiers, qui en vertu des lois
civiles sont rentrés en possession des biens donnés ou légués
à l'Eglise, ne peuvent pas en conscience se considérer comme légitimes propriétaires de ces biens qui ne leur appartiennent plus.

Il résulte de ces principes incontestables plusieurs consé-
quences.

1) Les catholiques rentrés en possession de biens d'Eglise ne peuvent pas s'approprier ces biens et les incorporer dans leur patrimoine. S'ils en disposent *in proprios usus* pour leur utilité personnelle, ou s'ils agissent en maîtres légitimes, ils tombent sous le coup de l'excommunication édictée par le concile de Trente.

En rappelant ces censures, nous ne faisons que nous conformer aux avis de S. E. le Cardinal Merry del Val qui, le 27 septembre 1907, écrivait : « Les Ordinaires devront avoir soin de faire instruire les fidèles des lois de l'Eglise en cette matière; que ceux-ci soient informés notamment des censures et des peines édictées par le saint concile de Trente ».

2) Ces mêmes personnes ne peuvent pas rassurer leur conscience en disant qu'elles conservent le capital, mais qu'elles se chargeront de faire acquitter les charges pieuses prescrites aux actes de fondation.

En agissant de la sorte, elles se substituent aux autorités légitimes, elles font acte de propriétaires et d'administrateurs; elles usurpent des droits qui ne leur appartiennent pas.

3) L'exécution des charges pieuses ne peut se faire que par les soins de l'Evêque, dans les conditions arrêtées par lui, suivant les règles prescrites par le Souverain Pontife. Aussi, avant toute célébration de services religieux, il faut, pour être en règle avec sa conscience, s'entendre avec l'Evêque et suivre les instructions données par son administration.

4) Les prêtres des paroisses ne doivent donc pas traiter directement avec les personnes qui, rentrées en possession des biens ecclésiastiques, prétendraient conserver la possession ou l'administration de ces biens. Ils ne peuvent célébrer les offices religieux qui leur seront demandés directement pour l'acquit des charges anciennnes. Ils n'agiront donc qu'après avoir reçu les ordres de leur Evêque.

C'est danc ces conditions seules que les règles tracées par le Souverain Pontife seront observées (5)

(5) Nous trouvons dans la *Revue du Clergé Français*, n° du 1ᵉʳ avril 1908, p. 85, une consultation de M. Boudinhon, professeur de droit canonique à l'Institut

*
* *

Les libéralités faites aux établissements religieux n'étaient pas les seules qui comportaient l'exécution de charges pieuses.

Souvent les testateurs catholiques pensaient aux malades et aux pauvres en même temps qu'à leur âme.

Ils fondaient des lits; ils prescrivaient des distributions d'aumônes et en retour ils chargeaient les établissements charitables d'assurer la célébration de messes et d'obits.

catholique de Paris, qui confirme absolument ce que nous disons sur le devoir qui s'impose aux catholiques en cette matière.

La question est ainsi posée :

Q. — Une dame réclame au séquestre la somme de 900 francs que sa mère avait versée à la Fabrique de sa paroisse pour faire dire des messes : elle rentre en possession de ce legs. Cette dame, en raison de l'incertitude de l'accomplissement des fondations, peut-elle dès maintenant faire acquitter des messes pour la somme intégrale de 900 francs, ou est-elle obligée de confier la somme à son Evêque qui remplira les charges de la fondation ? De plus cette dame habite un diocèse autre que celui où se trouve la fondation ; à qui doit-elle s'adresser, à l'Evêque de son diocèse ou à celui de la fondation?

Voici la réponse du Directeur du *Canoniste Contemporain* :

R. — Ce cas est prévu parmi ceux pour lesquels le Saint-Siège a donné aux Ordinaires de France des pouvoirs spéciaux. « Les Ordinaires peuvent per-« mettre aux fidèles de recourir à une action en reprise, en revendication, « en révocation ou en résolution, avec la pensée et dans le but d'assurer « l'exécution de charges grevant les fondations pieuses. »

La personne en question aurait donc dû, en principe, se munir d'une permission dès avant son action en reprise ; ne l'ayant pas fait, elle n'a pas encouru de censure, puisqu'elle n'agissait pas pour s'approprier la somme revendiquée ; elle n'en a pas moins à se mettre en règle avec l'Eglise.

L'autorisation personnelle pouvait lui être donnée par son évêque : l'arrangement après coup doit être fait avec l'évêque dans le diocèse duquel était la fondation.

Son obligation consiste à remettre à cet évêque la somme recouvrée, défalcation faite des frais occasionnés par le procès en revendication.

L'évêque, à son tour, devra placer prudemment la somme reçue et en affecter les revenus à l'accomplissement de la fondation, en réduisant, s'il y a lieu, les taux des messes et d'abord pour la part afférente à la Fabrique, et non leur nombre.

Mais cette personne se demande si cette fondation sera désormais remplie ; elle voudrait consacrer la somme recouvrée à la célébration immédiate de messes pour sa mère défunte. C'est là, on le voit sans peine, une véritable commutation de la fondation ; or, cette commutation ne dépend ni de la personne en question, ni de l'Evêque, mais uniquement du Pape par l'organe de la S. Pénitencerie.

La fille de la fondatrice ne peut décider cette commutation de sa propre initiative, parce qu'elle n'est que dépositaire momentanée de cette somme.

L'Evêque ne le peut pas davantage, parce que les pouvoirs à lui communiqués ne visent point ce changement apporté aux volontés de la fondatrice.

Reste donc uniquement le recours à Rome.

Si cette personne ne parvient pas à calmer ses inquiétudes (exagérées à mon sens) sur l'accomplissement de la fondation, elle peut adresser à la S. Pénitencerie une supplique motivée, munie du consentement de l'Evêque et du Curé intéressés à cette fondation : elle s'en tiendra à la réponse qui sera donnée.

Un certain nombre de fondations pieuses ont ainsi été faites dans les hospices et hôpitaux comme accessoires de legs charitables.

Ces hospices et hôpitaux ont une chapelle : ils rétribuaient et ils peuvent rétribuer encore des aumôniers. Il était donc tout naturel de confier au prêtre chargé du soin des hospitalisés et des malades la célébration de la messe.

Rien de plus simple que de continuer comme par le passé ces services religieux.

Sous le Concordat, les Fabriques et les bureaux de Marguilliers, chargés du soin exclusif de l'église paroissiale, n'intervenaient pas dans les chapelles des maisons charitables.

Les associations cultuelles, si elles avaient existé, auraient été exclues de ces chapelles : les administrateurs auraient avec raison décliné leur compétence.

Cela n'a pas empêché M. Briand de déclarer qu'en dehors des associations l'aumônier d'un hôpital est un inconnu sans titre pour recevoir l'honoraire d'une messe.

Aussi la loi déclare que les établissements publics ne peuvent plus remplir « ni les charges pieuses ou cultuelles affé-
« rentes aux libéralités à eux faites, ni aux contrats con-
« clus par eux, ni les charges dont l'exécution comportait
« l'intervention soit d'un établissement public du culte, soit
« de titulaires ecclésiastiques ».

Conclusion. Les chapelles d'hospices et d'hôpitaux restent ouvertes : les aumôniers peuvent rester attachés à ces chapelles et être rétribués : ils ont qualité pour administrer les sacrements, célébrer les services funèbres; mais ils ne peuvent plus dire une messe de fondation, parce qu'il n'y a pas dans la paroisse voisine une association cultuelle !

*
* *

La situation est la même pour les Bureaux de Bienfaisance et les communes.

Souvent des libéralités ont été faites en faveur des pauvres, mais avec une intention pieuse. Le fondateur a stipulé, par exemple, que des pains seraient distribués le jour où l'on chanterait à l'église l'obit anniversaire de son décès, et que cette distribution profiterait exclusivement aux pauvres ayant assisté à l'office. Il a testé en faveur des enfants du catéchisme : il a voulu vêtir les garçons et les filles le jour de leur première commmnuion ; il a fait des libéralités destinées spécialement aux catholiques. Toutes ces volontés pieuses sont désormais considérées comme non avenues. Communes et Bureaux de Bienfaisance sont dispensés de remplir toutes les charges pieuses et cultuelles.

*
* *

Un autre cas se présente.

Après le Concordat, le Gouvernement français a obligé les communes à pourvoir au logement des curés. On leur devait une maison convenable ou une indemnité de logement.

Souvent il est arrivé que des catholiques ont voulu pourvoir eux-mêmes à cette charge.

Ils ont donné ou légué aux communes un immeuble à la condition que cette maison resterait à perpétuité affectée au ministre du culte.

Cette clause est-elle encore exécutoire ?

La commune ne doit-elle pas dire que c'est là une charge cultuelle légalement impossible à remplir ?

N'est-elle pas libre de conserver l'immeuble sans condition, d'en disposer à son gré et de l'employer à n'importe quel usage, à l'exception toutefois de celui pour lequel il lui a été donné ?

M. Briand s'est prononcé pour l'affirmative dans la discussion de la loi et la Chambre des Députés a, semble-t-il, confirmé cette interprétation en rejetant un amendement de M. Beauregard qui assimilait aux fondations de messes les legs concernant le logement des ministres des divers cultes.

Toutefois l'auteur d'un récent article publié dans la *Revue d'organisation religieuse* déclare qu'à son sens le droit d'habitation au profit du curé ne rentre pas dans les prévisions de la loi du 13 avril. Une commune, si elle le voulait, pourrait continuer de loger gratuitement son curé dans un presbytère qui lui a été légué à cette fin et celui-ci pourrait obtenir des tribunaux un arrêt confirmant son droit.

Il est bien à craindre que cette interprétation ne soit pas confirmée par la jurisprudence.

*
* *

Ainsi les Hôpitaux, Hospices, Bureaux de Bienfaisance et Communes ne peuvent plus remplir les charges pieuses ou cultuelles résultant des dons, legs et contrats.

Tout au plus l'intervention des ecclésiastiques reste-t-elle permise pour l'accomplissement d'actes non cultuels, « lors- « qu'il s'agit de libéralités autorisées antérieurement à la « promulgation de la loi et si, nonobstant cette intervention, « le droit de contrôle est maintenu ».

C'est ainsi que le Curé devra continuer de distribuer aux pauvres, le pain, les vêtements ou les aumônes qui doivent passer par ses mains d'après les actes de fondation, mais à la condition de rendre un compte exact de son administration.

Ce cas excepté, tout est supprimé. Les testaments sont déchirés, les actes de fondation sont déclarés nuls, les volontés des mourants sont foulées aux pieds. Comme l'Etat, les établissements publics ne doivent plus connaître l'Eglise.

Et les familles des fondateurs n'ont rien à dire : les collatéraux, les légataires universels, les conjoints survivants sont déboutés.

Seuls, les fondateurs eux-mêmes, s'ils survivent, ou, en cas de décès, leurs héritiers directs sont admis à réclamer.

Toutefois leur droit est singulièrement limité.

S'il s'agit de fondations charitables antérieures à la loi du 18 germinal an X, c'est-à-dire au Concordat, toute réclamation est absolument interdite.

Et, pour les fondations postérieures, les réclamants, si leur demande est admise, ne peuvent rentrer en possession des biens que dans la proportion correspondante aux charges non exécutées, sans qu'il y ait lieu « de distinguer si les

« dites charges sont ou non déterminantes de la libéralité
« ou du contrat de fondation pieuse et sous déduction des
« frais et droits correspondants payés lors de l'acquisition
« dés biens ».

Que de précautions pour garder le produit de la spoliation !

Un bienfaiteur a fondé un lit dans un hospice à charge
d'avoir à perpétuité dans la chapelle une messe annuelle. Il
a déclaré que cette condition était la cause impulsive et dé-
terminante de sa libéralité. On rendra à son fils, s'il réclame,
le capital correspondant à une rente de 2 fr. et on l'invitera
à toucher 60 fr., d'où l'on déduira les frais et droits correspondants, payés lors de la fondation !

Et l'on vante encore le libéralisme de M. Briand !

*
* *

Comment réclamer ?

Remarquons d'abord que, dans ce genre de revendication,
la loi ne saurait avoir d'effet rétroactif, comme pour les Fabriques.

La loi de Séparation ne décidait rien pour les charges pieuses des établissements charitables et des Communes.

Les actions intentées avant la promulgation de la loi du
13 avril 1908, pour cause d'inexécution des charges, restent
intactes. Elles doivent être jugées d'après la loi en vigueur
au moment où elles ont été introduites.

De plus, actuellement, il n'y a pas à attendre une inser-
tion au *Journal officiel*, puisqu'il n'y a pas attribution de
biens.

A défaut d'action antérieure il faut donc agir tout de suite,
si on est en droit, pour rentrer en possession d'un presbytère
communal ou d'une rente donnée pour services religieux.

Comme pour les Fabriques, on rédigera sur papier libre
un mémoire qui sera adressé non au Directeur de l'Enregistrement, mais au Préfet.

Le Préfet délivrera récépissé : il demandera l'avis du Conseil municipal pour la Commune ou de la Commission admi-

nistrative pour l'établissement charitable, et il pourra prendre, s'il y a lieu, un arrêté en Conseil de Préfecture donnant droit, en tout ou en partie, à la réclamation.

Si on n'a pas gain de cause dans les trois mois de la date du récépissé, il faut alors saisir les tribunaux avant l'expiration du trimestre.

Car l'action est prescrite, si l'assignation devant la juridiction ordinaire n'est pas faite dans les trois mois de la date du récépissé.

Elle serait également prescrite si le mémoire portant revendication n'avait pas été déposé dans l'année qui suivra la promulgation de la loi, c'est-à-dire avant le 13 avril 1909.

On voit les minutieuses précautions qui ont été prises par le législateur pour rendre les revendications aussi peu nombreuses et aussi inefficaces que possible.

**

Parfois les testateurs obligeaient leurs héritiers à verser aux établissements religieux non un capital, mais une rente annuelle, destinée à l'acquit de charges pieuses ou cultuelles.

Ces rentes étaient garanties par des titres notariés et même par des hypothèques sur certains immeubles désignés.

Elles étaient toujours rachetables par le versement d'un capital, indiqué dans l'acte de fondation ou calculé au denier vingt ou au denier vingt-cinq suivant qu'elles étaient constituées en numéraire ou en nature (rente de blé, par exemple).

Les rentes rachetées suivent le sort commun. Les capitaux versés au remboursement sont confisqués purement et simplement et ne peuvent être revendiqués que par les héritiers directs des fondateurs.

Mais les rentes non rachetées ne sont plus dues. L'avant-dernier paragraphe de l'article 3 le dit expressément :

« Les arrérages de rentes dues aux Fabriques pour fonda-
« tions pieuses ou cultuelles et qui n'ont pas été rachetées,
« cessent d'être exigibles ».

Il s'agit des rentes à échoir et même de celles qui étaient échues lors de la promulgation de la loi et qui n'avaient pas été payées. Les débiteurs ne doivent pas, selon nous, s'émouvoir des réclamations et des menaces de poursuites faites par certains agents des Domaines. On ne peut entamer de poursuites en vertu d'un texte de loi abrogé.

Mais la question de conscience reste entière. L'Eglise n'a pas renoncé à ses droits sur les rentes, pas plus que sur les biens.

Les débiteurs qui ne sauraient y être contraints légalement, sont tenus comme précédemment de faire acquitter les charges pieuses ou cultuelles qui grèvent leur patrimoine.

Et s'ils veulent racheter ces rentes, ils doivent s'entendre avec l'Evêque qui a reçu du Saint-Siège tous pouvoirs pour traiter avec eux.

*
* *

Une dernière question reste à régler.

Les établissements ecclésiastiques et spécialement les Fabriques avaient parfois des dettes.

Nous ne parlons pas des dettes courantes portant sur les objets de consommation ordinaire et acquittées souvent en fin d'exercice.

Mais on se trouvait parfois en présence de travaux importants qu'il était nécessaire d'entreprendre.

Ainsi la commune construisait un presbytère et sollicitait pour une part considérable le concours de la Fabrique. D'autres fois c'était pour subvenir aux frais de grosses réparations à l'église qu'il fallait s'endetter.

Pour réaliser les ressources, on contractait des emprunts qui, d'ailleurs, étaient régulièrement autorisés : on sollicitait des avances de paroissiens généreux ou on obtenait des entrepreneurs des délais pour le règlement de comptes.

En somme les dettes étaient rares, mais elles existaient parfois.

Comment rembourser les créanciers ? Sur ce point, dans la discussion de la loi, M. Briand a fait étalage de générosité. On nous demande, disait-il, ce que nous ferons des biens. D'abord nous paierons les dettes de l'Eglise !...

En effet, la loi règle cette question, d'ailleurs peu importante.

Toutes les dettes régulières ou légales contractées par l'ensemble des établissements ecclésiastiques d'un département seront payées sur les biens des menses épiscopales, des Chapitres et des Séminaires.

Les Communes et Bureaux de Bienfaisance n'ont donc pas à se préoccuper des dettes. Elles reçoivent les biens nets de tout passif.

C'est avouer que nos Fabriques ont laissé en général fort peu de dettes, qu'elles ont géré avec habileté et sagesse le patrimoine qui leur était confié, puisqu'il suffira, dans les prévisions ordinaires, des biens de trois établissements (Mense épiscopale, Chapitre et Séminaire), pour donner satisfaction à tous les créanciers d'un diocèse.

Il est vrai que la loi prévoit le cas d'insuffisance d'actif, car elle ajoute qu'alors il sera pourvu au payement des dettes et dépenses sur l'ensemble des biens qui ont fait retour à l'Etat.

Précaution sans doute superflue !

Quoi qu'il en soit, les créanciers des établissements religieux, les personnes qui ont consenti des prêts, les entrepreneurs de travaux impayés, ne doivent pas hésiter à faire valoir leur créance.

Préalablement à toute poursuite, ils doivent déposer entre les mains du Directeur général des Domaines un mémoire justificatif de leur demande. Ce mémoire peut être rédigé sur papier non timbré et est accompagné de pièces à l'appui.

Le Directeur en donne récépissé.

Sur le vu du mémoire et sur l'avis du Directeur des Domaines, le Préfet peut en tout état de cause et quel que soit l'état de la procédure, décider, par un arrêté pris en Conseil de Préfecture, que le créancier sera admis pour tout ou partie de sa créance.

L'action du créancier est définitivement éteinte, si le mémoire préalable n'est pas déposé dans les six mois qui suivent la publication au *Journal Officiel* du décret d'attribution des biens et si l'assignation devant la juridiction ordi-

naire n'a pas été délivrée dans les neuf mois de cette publication.

Les intéressés peuvent agir aussitôt, envoyer leur mémoire
au Directeur départemental de l'Enregistrement et, s'ils n'ont
pas gain de cause devant le Préfet, saisir les tribunaux ordinaires dans les délais ci-dessus indiqués.

*
* *

Ainsi, lorsque les biens revendiqués auront été rendus dans
la mesure restreinte autorisée par la loi, lorsque les créanciers auront eu gain de cause, l'Etat, les départements, les
communes, les établissements d'assistance et de bienfaisance
se partageront les dépouilles.

Et les biens de l'Eglise s'en iront, morceau par morceau,
aux spoliateurs !

La troisième République, marchant en ce point sur les
traces de la première, a complètement spolié l'Eglise de
France.

Quant à nous, témoins impuissants de ce brigandage légal,
nous sommes affligés, mais non découragés.

L'avenir est à Dieu !

Les Questions

Ecclésiastiques

paraissent le 10 de chaque mois, en un fascicule in-8° d'au moins 96 pages, soigneusement imprimées sur beau papier. Elles formeront annuellement deux volumes d'environ 600 pages pour chacun desquels il sera fourni une couverture, une feuille de tête et quatre tables diverses : Auteurs, Actes du Saint-Siège, Bibliographie, Analytique.

L'abonnement court de janvier à janvier.

PRIX : France et Alsace-Lorraine. 12.00
Europe. 13.50
Hors d'Europe 15.00

Prière de s'adresser, pour ce qui concerne l'administration, à M. l'Administrateur de la Revue, 15, rue d'Angleterre, à Lille.

Envoyer ce qui regarde la rédaction et les ouvrages pour comptes-rendus, à MM. QUILLIET & CHOLLET, Professeurs à la Faculté de Théologie, et Directeurs des *Questions Ecclésiastiques*, 3, rue d'Isly, Lille. — Secrétaire de la Rédaction : M. l'abbé DEHOVE, Maître de Conférences à la Faculté des Lettres.

LILLE. — IMP. CROIX DU NORD